Princess

La comédie de l'amour

Bruno Muscat

Tout petit, il adorait se déguiser en chevalier et sauver les princesses avec son épée en plastique. Trente ans plus tard, Bruno Muscat est journaliste à *Astrapi.* Raconter des histoires est devenu son métier, et les châteaux forts le font toujours autant rêver.

Philippe Sternis est surtout connu

pour ses bandes dessinées : il a publié ses premières planches en 1974 dans le journal *Record*, avant de créer d'autres séries pour Bayard Presse. En 2000, il a publié *Pyrénée*, chez Vents d'Ouest, qui a reçu de nombreux prix dont celui du festival de Creil.

BRUNO MUSCAT • PHILIPPE STERNIS

Princesse Zélina

La comédie de l'amour

BAYARD POCHE

Prologue

Qu'il est difficile d'être une princesse amoureuse ! L'innocente Zélina de Noordévie saura-t-elle concilier les tendres sentiments qui l'unissent au prince Malik de Loftburg et la raison d'État qui oppose leurs deux pays ? Parviendra-t-elle à déjouer les complots de la reine Mandragone et du démon Belzékor, décidés à asseoir sur le trône le prince Marcel ? Notre jolie héroïne n'est pas au bout de ses épreuves…

Naissance d'une vocation

– Tu croyais me réveiller, Ambre ? Eh bien, c'est raté !

Le rire cristallin de Zélina retentit dans la chambre. Allongée à plat ventre sur son édredon moelleux, l'espiègle princesse tournait les pages d'un petit livre posé devant elle.

– Votre ouvrage doit être bien intéressant pour vous avoir tirée du sommeil si tôt..., se permit de remarquer la timide demoiselle de compagnie en refermant la porte.

La comédie de l'amour

– Il est si passionnant que je n'ai pas fermé l'œil de la nuit !

Zélina expliqua qu'il s'agissait des mémoires de la grande comédienne Lyse des Muses, que Malik lui avait offerts lors de leur dernière rencontre. Quelle révélation ! La jeune fille en était toute remuée.

– Ambre, cette nuit, j'ai pris une grande décision : je veux faire du théâtre !

La suivante grimaça :

– Quelle étrange idée... Et où comptez-vous exercer votre art ?

– Eh bien... Malik m'a avoué faire partie d'une troupe nommée Les Joyeux Compagnons, et je me disais...

– Ah... Je comprends mieux, marmonna Ambre en pinçant les lèvres.

Zélina haussa les épaules :

– Aide-moi plutôt à m'habiller...

La princesse ne perdit pas de temps. Dès le petit déjeuner, elle entretint son père le roi de ses

Naissance d'une vocation

désirs. Mais le vieux souverain ne se montra guère enthousiaste devant les projets de sa fille.

– Ma chérie, tout ceci ne me semble pas sérieux…

– Mais si ! Je veux jouer de grands rôles, vivre mille vies et leur donner corps… J'ai envie d'offrir du plaisir et du rêve aux gens qui me regarderont ! s'enflamma Zélina.

La comédie de l'amour

La reine Mandragone leva les yeux au ciel avec un air excédé.

– Mais qu'est-ce que c'est que ces fadaises ? glapit-elle en manquant de s'étouffer avec un morceau de brioche.

– Ce ne sont pas des fadaises, Belle-Maman ! C'est Lyse des Muses qui le dit dans ses mémoires !

La princesse lança un petit regard malicieux à son père qui, dubitatif, s'essuyait la bouche avec sa serviette.

Naissance d'une vocation

– Et puis, mon petit papa adoré, tu le répètes souvent toi-même : pour être un bon roi, il faut parfois aussi être un bon acteur !

Igor éclata de rire :

– Tu as gagné, ma chérie…

Et, alors que Zélina s'apprêtait à savourer sa victoire, il ajouta :

– Je vais faire en sorte qu'on te donne dès demain des cours particuliers de théâtre au château !

« Non, non et non ! pensa immédiatement

La comédie de l'amour

Zélina. Ce n'est pas du tout ce que je veux ! »

– Mais, papa, s'écria-t-elle, le théâtre ne s'apprend pas dans un salon ! C'est à Obéron que je dois aller, pour y rejoindre une vraie troupe…

– Tu sais bien que je n'aime pas que tu te rendes toute seule en ville…

Piquée au vif, la jeune princesse se leva d'un bond et posa ses poings sur ses hanches :

– Je ne suis plus une enfant… Rappelle-toi qu'il y a quelques mois, je courais dans les rues pour aider à soigner les blessés du terrible tremblement de terre qui nous a si durement éprouvés !

– Mon petit canari… Ne t'énerve pas…

La reine eut un sourire venimeux :

Naissance d'une vocation

– Mademoiselle, vous conviendrez tout de même que notre place n'est pas au milieu des saltimbanques...

– Pourquoi ? Les comédiens sont des gens comme les autres, non ?

À bout d'arguments, le roi céda devant l'enthousiasme de sa fille :

– Si c'est vraiment ce que tu désires...

Folle de joie, Zélina sauta au cou de son père. Mandragone, qui ne s'avouait pas vaincue, suggéra perfidement :

– Mon époux, et si nous demandions à Marcel d'accompagner notre chère artiste lors de ses sorties en ville ? Nous nous sentirions tellement plus tranquilles !

– Quelle bonne idée ! acquiesça Igor.

Zélina soupira. Quand allait-elle pouvoir enfin se débarrasser de la surveillance de la reine ? En attendant, elle n'avait hélas pas le choix : il lui fallait se plier aux exigences de son encombrante belle-mère...

Premiers pas sur scène

Lorsque le carrosse s'immobilisa au fond d'une impasse boueuse, Zélina se frotta les yeux. Elle qui rêvait d'une salle à la façade élégante et aux parquets cirés dut bien vite déchanter. Ambre relut l'adresse écrite sur le papier froissé remis à la princesse par Malik.

– C'est pourtant bien ici, Mademoiselle…

Ainsi, c'était dans cette vieille grange en bois que répétaient les Joyeux Compagnons ? Ravalant sa

La comédie de l'amour

déception, Zélina descendit de la voiture en relevant sa robe. Ambre la suivit en maugréant. Marcel se pencha avec un air navré pour refermer la portière :

– Quoi ? C'est ça, ton théâtre ? N'oublie pas que nous sommes les héritiers de ce royaume !

Zélina lui tira la langue.

– Après tout, tu fais ce que tu veux, continua-t-il… Mais ne compte pas sur moi pour passer une minute de plus dans ce coupe-gorge.

La portière claqua. Le cocher fouetta les chevaux. Malgré les réticences de sa demoiselle de compagnie, Zélina poussa la lourde porte de la grange. Un nuage de poussière lui chatouilla le nez, et elle éternua :

– Ah… Ahh… Atchoum !

– SILENCE DANS LA SALLE !

L'homme qui venait de crier se tenait accoudé à la scène, montrant son dos osseux à la princesse. Zélina n'eut aucun mal à reconnaître cette longue silhouette dégingandée, bien qu'elle n'eût jamais rencontré auparavant le grand échalas auquel elle appartenait. Malik, pétri d'admiration, lui avait souvent parlé de lui.

— C'est Hilarion Desplanches, le metteur en scène des Joyeux Compagnons, souffla Zélina à l'oreille d'Ambre.

La princesse se racla la gorge :
— Je vous prie de m'excuser, murmura-t-elle timidement à l'intention de l'homme.

Le bras de la silhouette s'anima :
— Ça va, ça va… Que voulez-vous ?
La fille du roi Igor s'avança :
— Je suis la princesse Zélina…

Les acteurs levèrent les yeux de leur texte avec curiosité, et Hilarion condescendit à se retourner. Malik était là, parmi eux ! Il esquissa un sourire qui embrasa le cœur de sa douce amoureuse…

— Et que puis-je pour vous, princesse ?

demanda le metteur en scène avec la pointe d'agacement de celui que l'on dérange.

– Je voudrais faire du théâtre !

Prévenue par Malik du caractère parfois difficile d'Hilarion, Zélina se mordit la lèvre. L'homme hocha gravement la tête, l'air dubitatif :

– Rien que ça…. Mais on ne s'improvise pas comédienne, jeune fille !

– Donnez-moi ma chance…, supplia Zélina.

Le metteur en scène regarda la princesse des pieds à la tête et réfléchit quelques minutes.

– Bon, bon… Pourquoi pas, après tout ? Nous répétons une pièce de ma composition qui s'appelle *La Comédie de l'amour*.

Elle raconte l'histoire d'une noble dame, Flavie, qui se déguise en servante pour s'assurer des sentiments d'Adrien, un jeune chevalier.

– C'est juste de la fiction : dans la réalité, les grandes dames ne se travestissent jamais pour tester leurs amoureux, n'est-ce pas, Altesse ? persifla l'un des acteurs au regard ténébreux.

Zélina rougit.

– N'écoutez pas Joseph, Mademoiselle. Il a un sens de l'humour bien à lui…, intervint Hilarion.

Il fit signe à une solide rousse au visage avenant de s'approcher :

– Carmina, s'il te plaît, peux-tu prêter ton texte à la princesse ? Mademoiselle, vous allez remplacer Carmina dans le rôle de Flavie, et Malik vous donnera la réplique dans celui d'Adrien.

Tout frétillant, Malik s'inclina pour aider Zélina à monter sur la scène. Il murmura :

– Si votre Altesse veut bien se donner la peine…

Afin de mettre sa vocation à l'épreuve, Hilarion demanda à la princesse d'interpréter avec

La comédie de l'amour

Malik la scène dans laquelle la modeste servante avoue son amour au beau chevalier. L'estomac noué par le trac, Zélina se lança :

– « Maître Adrien, vous m'avez demandée ? »

Mais les mots et les émotions vinrent tous seuls. Portée par les sentiments intenses qui l'unissaient à Malik, l'apprentie comédienne n'eut aucun mal à jouer l'amour ! Et elle fut une Flavie si convaincante que la troupe l'applaudit à tout rompre ! Nullement jalouse, Carmina la félicita avec chaleur. Même Joseph, le cynique, esquissa un sourire. Subjugué, Hilarion confia sur-le-champ à Zélina le rôle de la grande dame amoureuse. Ainsi, c'était cela, le théâtre ? C'était si facile…

Il se faisait tard… Hilarion donna rendez-vous à toute sa troupe pour le lendemain. Lorsque Zélina le salua avant de prendre congé, il ne put s'empêcher de lui glisser discrètement :

– Mademoiselle, il faudra dorénavant veiller à ne plus appeler Adrien « Malik » sur scène…

Les désillusions d'une princesse

Le lendemain, la princesse partit pour la grange le cœur léger. Mais, quand elle arriva, ce fut la douche froide... Les bonnes dispositions ne suffisaient pas à faire une vraie comédienne !

– Mais je rêve ! Comment osez-vous vous présenter parmi nous sans avoir appris votre texte ? éructa Hilarion, hors de lui.

Zélina baissa la tête, honteuse. Pour elle qui se voyait déjà en haut de l'affiche, le coup était rude.

La comédie de l'amour

Maître Desplanches jeta rageusement ses feuilles sur la scène :

– Mademoiselle, le théâtre, c'est aussi du travail ! Que croyez-vous ?

– Je… je …, balbutia Zélina.

D'un geste grandiloquent, Hilarion montra la porte :

– Vous nous faites perdre à tous un temps précieux ! Je ne vous retiens pas …

Puis, ignorant la princesse, il se retourna vers ses acteurs :

– Carmina, vous reprendrez le rôle de Flavie.

Au bord des larmes, Zélina se réfugia derrière les gradins, à l'abri des regards. Jamais elle ne s'était sentie aussi humiliée. Mais, au fond d'elle, la princesse comprenait la colère d'Hilarion. Elle renifla et s'essuya le visage avec sa manche. Une main effleura son épaule.

– Laissez-moi tranquille…, grogna Zélina en se dégageant.

– Mon amour, il ne faut pas vous décourager.
Elle reconnut la voix de Malik.

– J'ai tout gâché aujourd'hui…, murmura-t-elle.

– Chut… Séchez vos larmes, apprenez votre texte, et vous retrouverez votre place parmi nous.

– Pourtant, hier…, pleurnicha la princesse.

– Hier était un autre jour… Au théâtre, il faut travailler et travailler, encore et toujours. N'est-ce pas ce que dit Lyse des Muses dans ses mémoires ?

Penaude, Zélina essuya une larme qui coulait le long de sa joue :

– Si…

– Suivez les conseils de Lyse, et je me fais fort

de vous aider à retrouver le rôle de Flavie ! Carmina est une excellente actrice, mais elle aime mieux jouer les vieilles reines que les jeunes amoureuses. Je réussirai à la convaincre de vous céder son rôle. Mais, pour cela, il faut que demain vous connaissiez votre texte sur le bout des doigts…

Un faible sourire éclaira le visage de Zélina :

– Promis ! Demain, je ne vous décevrai pas.

– J'en suis sûr ! lança Malik, convaincu.

La jeune fille lui tendit ses lèvres en murmurant :

– Embrassez-moi pour me donner du courage…

Mais voilà que la voix impérieuse d'Hilarion retentit dans la salle :

– Malik… On reprend !

Au même instant, une partie d'échecs acharnée opposait Mandragone et Belzékor dans les appartements de la reine.

– Mon cher démon... Ne croyez-vous pas que cette lubie soudaine de notre princesse pourrait être favorable à nos projets ? susurra la marâtre de Zélina en avançant sa tour.

Belzékor leva un sourcil inquiet vers sa maîtresse et bougea prudemment son fou.

– Qu'en pensez-vous ? continua la reine. Igor se fait vieux. C'est l'occasion ou jamais de nous débarrasser définitivement de cette péronnelle et de dégager le chemin vers le trône pour mon petit Marcel... Vous pourriez certainement nous arranger ça, non ? insista-t-elle d'une voix mielleuse.

Le démon grommela qu'il lui semblait urgent de ne pas trop se presser. Et puis, ça allait être l'heure de dîner... Le bras de Mandragone balaya violemment les pièces sur l'échiquier, et sa main attrapa le col de Belzékor :

– Écoutez, je ne vous ai pas tiré de vos ténèbres

pour que vous meniez la belle vie et vous engraissiez à mes dépens !

— Mais… Madame… Je fais ce que je peux…, couina le nabot.

— Eh bien, il est grand temps pour vous de pouvoir plus… Beaucoup plus !

Mandragone resserra son étreinte autour du cou de Belzékor :

— Et, cette fois-ci, je veux des résultats !

Répétition au pied du grand chêne

De retour au château, Zélina fit part de sa déconvenue à Ambre, qui s'entraînait à l'aquarelle dans le jardin.

– Qu'à cela ne tienne, Mademoiselle… Je vais vous faire répéter et, ainsi, vous saurez votre texte avant la tombée de la nuit ! lui promit gaiement son amie.

La dévouée demoiselle de compagnie saisit le coude de sa princesse et l'entraîna sur l'immense terrasse de verdure, inondée de soleil, qui dominait Obéron. Là, elles se trouvaient loin du logis et, à

La comédie de l'amour

l'ombre du grand chêne, personne ne viendrait les déranger. Zélina lut à plusieurs reprises le texte, puis le tendit à Ambre.

– Tu feras Adrien, et je serai Flavie…

La princesse respira un grand coup. Mais, lorsque Ambre termina sa réplique, Zélina se mit à bafouiller. Elle recommença, et recommença encore, mais c'était de mal en pis : elle n'y arrivait pas ! Plus la pauvre apprentie comédienne s'énervait, plus les mots se dérobaient à elle…

– « Mais entre nous, hélas, vous le savez,
L'amour n'est en aucune façon permis.
Nos deux mondes sont en tout opposés
Et m'interdit un jour de tout… Et toujours m'interdit… »

La princesse s'effondra en sanglotant, la tête entre les mains :

– Oh, non… Je suis trop nulle. Je bute sur chaque phrase.

Ambre la reprit doucement :

Répétition au pied du grand chêne

– « Et tout m'interdit d'être un jour votre mie ! » C'est pourtant facile ! Concentrez-vous un peu, et vous allez y arriver.

Mais Zélina n'y arrivait pas. Tout s'emmêlait dans son esprit. Le temps passait et, inexorablement, il détricotait une à une les mailles de *La Comédie de l'amour* dans la mémoire de la jeune fille. Bouleversée par la détresse de sa maîtresse, Ambre proposa, hésitante :

– Et si… et si vous demandiez à votre marraine de vous aider ?

– Tu crois, Ambre ? gémit Zélina, désespérée.

Deux grosses larmes amères tombèrent sur le manuscrit de *La Comédie de l'amour*.

– Après tout, tu as sans doute raison…

La comédie de l'amour

La princesse détacha la mouche de taffetas qui ornait sa poitrine et, d'un souffle léger sur son doigt, la transforma en une minuscule mouche de chair et de sang, qui s'envola à la rencontre de la bonne fée Rosette…

La charmante marraine ne traîna pas. Aussitôt arrivée, elle demanda à sa filleule en virevoltant autour d'elle :

– Que se passe-t-il, ma chérie ?

Ambre ne laissa pas à Zélina le temps de répondre.

Répétition au pied du grand chêne

– Notre pauvre princesse ne parvient pas à apprendre son texte. Et elle a peur de décevoir son Malik, demain à la répétition…

La princesse fusilla Ambre des yeux. Mais la demoiselle de compagnie avait vu juste. C'était bien cela qui anéantissait tous ses efforts. Rosette se gratta le menton :

– La peur de mal faire… Il n'y a rien de pire pour perdre toute confiance en soi !

La fée fit quelques arabesques acrobatiques entre les branches du vénérable chêne avant de revenir se poser sur l'épaule de Zélina :

– Je crois savoir comment te tirer de ce mauvais pas !

L'idée de la malicieuse Rosette était toute simple : la petite fée allait se rendre invisible, et elle soufflerait ses répliques à l'oreille de sa filleule, si d'aventure cette dernière devait avoir des trous de mémoire… Ragaillardie, la jeune comédienne se concentra sur les lignes du manuscrit, et tout

La comédie de l'amour

devint d'un seul coup plus facile :
– « Mais entre nous, hélas, vous le savez,
L'amour n'est en aucune façon permis.
Nos deux mondes sont en tout opposés
Et tout m'interdit d'être un jour votre mie ! »

Maintenant que Zélina connaissait son texte, il ne lui restait plus qu'à convaincre Hilarion de la reprendre dans sa troupe…

Dernière chance pour Zélina

Cet après-midi-là, le cœur de Zélina battait si fort qu'elle avait l'impression qu'il allait faire éclater sa poitrine… Elle n'entendait même plus les sarcasmes de cet imbécile de Marcel, vautré sur la banquette du carrosse en face d'elle :

– Comédienne… Pfff ! Et pourquoi pas écuyère de cirque ? Godiche comme tu es, au moins tu serais sûre de faire rire le public ! Ah, ah, ah…

Sans un regard pour son beau-frère, la princesse sauta au bas de la voiture alors qu'il conti-

La comédie de l'amour

nuait, de son ton prétentieux :

– Je passe te chercher à ton… théâtre à cinq heures. Et ne traîne pas, sinon tu rentreras à pied, toute seule dans la nuit noire…

La princesse n'avait pas dormi de la nuit et, lorsqu'elle franchit la porte de la grange, elle faillit flancher et tourner les talons. Mais non… Elle savait pourquoi elle était revenue !

Hilarion, qui dirigeait ses acteurs sur le plateau poussiéreux, n'en crut pas ses yeux en la voyant entrer dans sa salle :

– Princesse Zélina ? On peut dire que vous avez de la suite dans les idées…

Crânement, Zélina planta ses yeux dans ceux du metteur en scène :

– On prétend que c'est l'une de mes qualités ! Et puis, je connais mon rôle aujourd'hui…

– Et vous croyez que je vais vous reprendre ? bougonna le metteur en scène.

Malik s'approcha d'Hilarion et plaida la cause

de Zélina avec fougue :

— Vous avez bien vu qu'il s'est vraiment passé quelque chose pendant la lecture de l'autre jour… Et puis, vous savez que Carmina préfère de loin le rôle de la mère de Flavie…

— Je t'en prie, Malik, ne t'emballe pas…

La belle actrice rousse sortit de sa réserve :

— Malik a raison ! Son Altesse a fait preuve d'une conviction peu commune… Et il est vrai que cela m'amuse beaucoup plus de jouer les femmes âgées que les jouvencelles !

— Mais c'est un complot ! s'exclama Hilarion. Rassure-moi, Joseph, tu n'es pas d'accord avec eux ?

Joseph regarda ses chaussures.

— Eh bien ?

— Eh bien, cher Hilarion, je pense que vous feriez une énorme bêtise si vous ne laissiez pas sa

La comédie de l'amour

chance à cette petite, toute Altesse qu'elle est !

Carmina acquiesça. Malik fit un clin d'œil à Zélina. Hilarion leva les yeux au ciel en soupirant :

– Si ma troupe entière s'y met…

Puis il ajouta :

– Je veux bien faire un essai. Mais, s'il n'est pas concluant…

C'était gagné ! Malik tendit la main à Zélina, qui se hissa sur la scène. Le doux contact de la paume de son amoureux donna du courage à la princesse. Hilarion demanda à ses acteurs de se mettre en place.

Dernière chance pour Zélina

Zélina fit le vide en elle : grâce à la présence de sa marraine, il ne pouvait rien lui arriver. Enfin, normalement…

L'aspirante tragédienne se lança. Même si elle était un peu tendue, les mots n'eurent aucun mal à sortir de sa bouche :

– « Mais entre nous, hélas, vous le savez,
   L'amour n'est en aucune façon permis.
   Nos deux mondes sont en tout opposés
   Et tout m'interdit… »

Oh, non ! Pas un trou de mémoire !… Pas maintenant… Zélina se raidit. Mais le regard bienveillant de Malik la galvanisa :

– « … d'être un jour votre mie ! »

La comédie de l'amour

Le jeune homme serra tendrement les mains de sa bien-aimée dans les siennes :

– « Pour surmonter tous les obstacles de l'amour,
Le seul moyen, c'est sûr, est d'y croire toujours ! »

Le metteur en scène fixa longuement Zélina sans rien dire. Tout le monde était suspendu à ses lèvres. Enfin, il se décida à parler :

– C'est bon, vous m'avez convaincu ! Il y a encore du travail, mais je crois que l'on pourra faire quelque chose de vous…

C'est à ce moment-là que Zélina, encore sous le coup de l'émotion, aperçut Rosette assise dans les gradins de bois. La petite fée l'applaudissait joyeusement. À la fois surprise et furieuse, la princesse se précipita vers sa marraine :

– Mais… Que fais-tu là ? Tu devais rester sur mon épaule pour me souffler…

La fée partit d'un éclat de rire facétieux :

– Tu n'avais pas besoin de moi : tu t'en es très bien tirée toute seule.

Le démon passe à l'action !

*B*elzékor entrouvrit la porte de la grange. Quelle poussière ! Le démon fit la moue, dégoûté. Dire qu'il y a quelques minutes, il se prélassait encore au creux d'un confortable fauteuil, près d'un feu de cheminée odorant, en grignotant des petits sablés bien croquants…

Bon… Plus vite il en aurait fini avec cette horrible corvée, plus tôt il serait de retour au château. Mais, pour cela, il lui fallait d'abord trouver une

idée. Belzékor fit discrètement le tour du théâtre. Le diabolique nabot maîtrisait parfaitement l'art de se fondre dans l'ombre et de se rendre invisible aux yeux des humains ; ainsi, il put explorer le hangar sans que personne soupçonne sa présence. Soudain, il tendit l'oreille.

– Alors, Malik… Quand aurons-nous le plaisir d'entendre le son de ton luth ? demandait Hilarion.

Le démon passe à l'action !

Le jeune homme caressa le manche de son bel instrument :

– Je répète tous les soirs…

– Ah ! Qu'il me tarde d'écouter l'ode de notre Adrien à Flavie, enfin mise en musique… Tu me fais languir !

– Il est encore un petit peu tôt… Mais, demain, c'est promis, je serai prêt ! D'ici là, je préfère m'exercer sans public…

Un petit sourire éclaira le visage austère du metteur en scène :

– Je te comprends… Adrien ne veut pas de couacs : il s'agit quand même de séduire l'élue de son cœur !

Les joues de Malik s'empourprèrent :

– J'essaie simplement de faire du mieux que je le peux.

– Ah, ah, ah ! je te taquine. Je ne sais pas ce que tu en penses, mais je trouve que notre princesse est étonnante. J'ai rarement vu quelqu'un défendre son rôle avec autant de conviction.

La comédie de l'amour

Le visage de l'adolescent rougit un peu plus.
– Tout à fait… Tout à fait…, balbutia-t-il.
Fort heureusement, Hilarion, absorbé par ses pensées, ne se rendit compte de rien.

Une ode ? Voilà qui était très intéressant… Alors que les deux hommes s'éloignaient du luth, posé sur une chaise, le démon s'approcha du bel instrument. Ses doigts crochus glissèrent sur la marqueterie précieuse. Une lueur menaçante embrasa soudain ses yeux chafouins et un rictus malsain tordit ses lèvres.

Hilarion frappa dans ses mains et réunit ses acteurs :
– Mes amis, ce sera tout pour aujourd'hui… Mais venez tôt demain, c'est le jour d'essayage des costumes !

Pendant que les comédiens rangeaient la scène, Belzékor sortit une petite fiole à l'éclat inquiétant

Le démon passe à l'action !

d'une poche dissimulée dans la doublure de sa veste. Il en versa le contenu dans l'instrument de Malik à travers la rosace de la caisse, en psalmodiant dans sa barbe :

Beau luth, que ta musique ensorcelée
Plonge dans un profond sommeil
L'infortunée à qui est destinée
L'ode que tu portes à ses oreilles…

Un frisson de plaisir courut le long de l'échine du démon :

Et que jamais ta pauvre victime ne se réveille
Tant que sonneront tes cordes
sans pareilles !

La comédie de l'amour

L'heure de se séparer était venue. Zélina salua tout le monde et regagna d'un pas décidé le carrosse royal. Belzékor se faufila derrière elle et sortit de la grange à son tour. Marcel ouvrit la porte à la princesse et regarda la bâtisse d'un air songeur :

– Mmm... J'aimerais tout de même bien savoir ce qui se trame là-dedans, lui lança-t-il alors qu'elle s'installait à côté de lui.

La princesse faillit s'étrangler :

– Ah non ! Il n'en est pas question !

– Merci, petite sœur, susurra Marcel d'une voix mielleuse. J'accepte ton invitation, et je viendrai avec joie…

Persuadée qu'il n'en ferait rien, Zélina ne prit même pas la peine de répondre aux sarcasmes de ce prétentieux, et se renfrogna dans son coin. Alors que le cocher fouettait les chevaux, le démon se glissa à l'arrière du carrosse et s'assit sur l'essieu. Il n'allait pas rentrer à pied, non mais !…

Un essayage mouvementé

Le lendemain, à l'heure de la répétition, il régnait dans le théâtre des Compagnons une joyeuse effervescence. Hilarion avait apporté trois énormes malles remplies de costumes. Chacun s'y plongea avec gourmandise !

Les mains des comédiens piochèrent dans les coffres et en retirèrent des trésors de tissus. Malik, un brin pompeux, ne résista pas à l'envie d'expliquer à Zélina l'importance du vêtement pour les acteurs.

La comédie de l'amour

– Trouver la bonne tenue, c'est la moitié de la réussite d'un rôle. Il faut que le public nous trouve crédible dès que l'on apparaît sur la scène. En plus, si un comédien se sent bien dans ses habits, il entre aisément dans la peau du personnage…

Comme pour illustrer son propos, il enfila un vieux casque rouillé sur sa tête. La princesse s'esclaffa :

– Hi, hi, hi… Avec ça, vous voilà fin prêt à jouer le rôle de Don Quichotte !

Le jeune étudiant reposa le casque avec un sourire faussement contrit :

– Vous croyez ? Vous devez avoir raison…

Zélina réfléchit un instant :

– Non… Adrien… Comment dire ?

Elle fouilla dans les malles et en extirpa un élégant béret de feutre,

Un essayage mouvementé

sur lequel elle piqua une belle broche argentée. Puis elle posa le chapeau sur la tête de Malik et recula de quelques pas :

– Je le verrais plutôt porter ce couvre-chef... Et cette jolie veste de velours émeraude, avec son gilet damassé.

La belle Carmina examina le jeune homme :

– Vous avez l'œil, Altesse ! Notre Malik est parfait comme ça... Et, pour vous, que diriez-vous de cette petite robe de drap jaune toute simple et de cette coiffe brodée ?

– Je vous en prie, Carmina, laissez tomber l' « Altesse » et appelez-moi simplement Zélina !

Carmina acquiesça en souriant. L'apprentie comédienne tendit le bras pour prendre la robe. Un délicieux parfum de jacinthe envahit les narines de Malik, tout ému par la grâce de sa princesse.

– Malik ?

Le jeune homme était sur un nuage et ne quittait pas son amour des yeux.

– Oui ?

La comédie de l'amour

— Est-ce que vous pourriez vous retourner un instant, le temps que je me change ?

Zélina avança dans l'ombre du rideau. Elle se déshabilla et enfila son costume. Elle se sentait bien dans ces humbles habits, comme si elle avait été une servante toute sa vie. Ou plutôt une princesse

Un essayage mouvementé

qui se déguisait en servante… La jeune fille fit quelques pas et lissa sa robe avec ses mains. Décidément, celle-ci tombait impeccablement. On l'aurait crue cousue pour elle !

C'est le moment que choisit Marcel pour pousser la porte du théâtre. Émoustillé par l'ambiance de fête qui régnait dans la grange, il s'approcha des coulisses sur la pointe des pieds… et entrevit alors le dos charmant d'une jeune servante qui se cachait derrière les lourdes toiles… Plein

La comédie de l'amour

d'ardeur, il s'approcha tout doucement de la belle, puis l'étreignit violemment.

– Regardez la jolie prise que j'ai faite là…, souffla-t-il. Je vous libère si vous consentez à m'embrasser !

Lorsqu'elle sentit les grosses mains vicieuses se poser sur elle, Zélina se débattit de toutes ses forces. Alerté par le brouhaha, Malik se retourna et son sang ne fit qu'un tour. Il se précipita sur l'agresseur pour lui faire rendre gorge. Mais la princesse, qui avait reconnu la bague de son beau-frère sur sa poitrine, cria :

– Marcel ! Espèce de poulpe gluant, lâche-moi…

Stupéfait, Marcel desserra son étreinte, Malik encore cramponné à son dos.

– ZÉLINA ?

– Malik, lança la princesse, inutile d'étrangler

Un essayage mouvementé

ce rustre : ce n'est que mon idiot de beau-frère !

Malik lâcha le cou d'un Marcel que la honte avait rendu livide. Le goujat ne savait plus où se mettre.

– Mais comment voulais-tu que… que je sache que c'était toi ?

Zélina le toisa avec mépris :

– Et cela t'arrive souvent de te jeter ainsi sur les filles ? grogna-t-elle. Tu es encore plus lamentable que je ne le pensais…

Marcel n'osa rien dire, de peur que le récit de son comportement pour le moins déplacé n'arrive jusqu'aux oreilles du roi. Alors que Malik était sur le point de lui présenter ses excuses, Zélina, très fâchée, l'attira vers elle :

– Cet idiot n'en vaut pas la peine… Retournons travailler.

Digestion difficile pour Belzékor !

Chacun prit sa place sur la scène. Hilarion donna quelques indications, et la répétition commença. Assis sur les bancs de bois rugueux, au milieu des poules qui caquetaient joyeusement, un spectateur discret ne manquait rien du spectacle.

Burps… Belzékor rota bruyamment. Il avait trop mangé à midi. Cailles rôties, gigot de sept heures, daube, vins fins… Comment résister ? Et puis le démon, sûr de son triomphe prochain, avait

La comédie de l'amour

copieusement arrosé sa victoire au déjeuner. Il ne pouvait pas échouer !

Les paupières lourdes, l'âme damnée de Mandragone regarda Malik s'approcher de son luth. Plus que quelques minutes, et sa mission serait enfin accomplie. Belzékor bâilla. Ah non, il n'allait pas s'endormir ! Mais les forces obscures mises en œuvre par la digestion se révélèrent plus fortes que la volonté du démon, et Belzékor ferma les yeux…

Digestion difficile pour Belzékor !

Sur la scène, la tension était montée d'un cran. Flavie, obligée d'avouer son mensonge à Adrien, craignait maintenant que ce dernier ne le lui pardonne jamais :

– « Adrien, mon amour, j'ai honte de mon mensonge,

De vous avoir ainsi trahi, le remords me ronge ! »

Effectivement, le jeune chevalier avait très mal pris ce manque de confiance. En larmes, Flavie s'effondra sur un banc. Bouleversé, Adrien saisit son luth et s'agenouilla à ses pieds…

Un énorme ronflement se fit soudain entendre dans le théâtre. Zélina baissa les yeux et reconnut l'inquiétant conseiller de sa marâtre :

– Monsieur Belzékor ?

Mais que faisait-il ici ? Agacée, la princesse força la voix :

– Monsieur Belzékor !… Vous troublez notre répétition !

Le nabot continua à ronfler de plus belle.

La comédie de l'amour

Excédée par tant de sans-gêne, Zélina arracha le luth à Malik et se dirigea d'un pas décidé vers le bord de la scène. Là, elle plaqua brusquement ses doigts sur les cordes du bel instrument.

– « Klong... »

Le vacarme des fausses notes tira le démon de son sommeil.

– Hein ? Quoi ? Que se passe-t-il ?

– Il se passe, monsieur Belzékor, que vos grognements nous empêchent de travailler !

La main de la princesse pinça de nouveau les cordes tendues, les faisant grincer horriblement :

– « Dzouiing... »

Zélina se pencha vers le démon en le fixant dans les yeux :

– Et que nous désirerions vous voir quitter notre salle...

En entendant le son du luth, Belzékor se boucha les oreilles.

– Non, non..., pleurnichait-il, ce qui n'eut d'autre effet que d'inciter la jeune fille furieuse à conti-

nuer à malmener un peu plus le malheureux luth !

– Si, je vous l'ordonne, Belzékor !... Laissez-nous, et cessez de m'espionner !

Affolé, le nabot recula sur ses petites jambes tremblantes. Déjà, il sentait une terrible torpeur l'envahir. Rassemblant ses dernières forces, il plongea vers la porte de la grange, qu'il poussa dans un effort désespéré. Il réussit encore à faire quelques pas dans l'impasse avant de s'effondrer, la face dans un énorme tas de fumier.

Hélas, dans sa pitoyable fuite, le démon avait renversé une lanterne qui tomba entre les bancs de pin…

Un beau rêve qui part en fumée

Alors que Zélina rendait son instrument à Malik, la voix affolée de Carmina déchira le silence recueilli qui régnait sur le plateau :

– Au feu !

Déjà, les flammes dévoraient les gradins. Hilarion arracha un des draps qui tenaient lieu de décor et se jeta au pied de l'estrade, bientôt imité par le reste de la troupe. Mais, nourri par la paille entreposée sous les bancs, l'incendie ne cessait de

La comédie de l'amour

s'étendre, emplissant la grange d'un épais nuage de fumée noire et âcre.

– On n'y arrivera jamais ! geignit Hilarion en luttant contre les premières flammèches qui léchaient l'avant-scène.

– Tous dehors ! cria Joseph avec autorité. On ne peut plus rien faire !

Sans se poser de questions, Zélina remonta sa robe jusqu'aux genoux. Mais, alors qu'elle s'apprê-

Un beau rêve qui part en fumée

tait à se lancer vers la porte avec Malik, la princesse découvrit Marcel prostré dans les coulisses. La jeune fille fit signe à son ami de fuir sans elle : elle devait aller chercher son beau-frère. L'étudiant secoua la tête. Il n'était pas question de l'abandonner au milieu de la fournaise !

– Marcel, remue-toi ! hurla la princesse.

Mais le fils de Mandragone, tétanisé par les flammes, ne bougea pas d'un pouce. Zélina se

La comédie de l'amour

précipita sur lui et l'agrippa par la manche.

– Allez, viens maintenant ! N'aie pas peur… Il faut décamper si tu ne veux pas te faire griller la couenne !

Malik lança sur leurs épaules une toile épaisse.

– Vite ! Couvrez-vous avec ça, ça vous protégera du feu…

Zélina blêmit :

– Et vous, mon chéri ?

– Je prends mon luth, et je vous suis…, lâcha Malik en les poussant tous les deux vers la porte.

Le temps d'arracher son instrument aux flammes, Malik rejoignit Zélina sous la bâche improvisée.

– Allez, maintenant on court tout droit, le plus vite possible !

Les amoureux empoignèrent chacun un bras de Marcel et ils se précipitèrent vers la sortie à travers les flammes et le nuage de fumée opaque. Après quelques secondes, qui leur parurent des siècles, ils franchirent enfin la porte de la grange.

Un beau rêve qui part en fumée

– Ouf ! s'exclama Zélina en rabattant la toile qui la couvrait. On a eu chaud !

Un rapide coup d'œil les rassura : tout le monde était sain et sauf ! Malik posa son luth et courut vers ses amis. Ensemble, ils regardèrent se consumer leur théâtre, qui, bientôt, ne fut plus qu'un tas de cendres fumantes.

– Allez, l'essentiel, c'est que les Joyeux Compagnons soient au complet ! bégaya Joseph d'une voix blanche.

La comédie de l'amour

Doucement, Zélina s'agenouilla à côté de son beau-frère :

– Ça va aller ?

Tel un diable, Marcel bondit sur ses pieds et la toisa avec dédain :

– Mais qu'est-ce que tu crois ? Je n'ai jamais eu peur...

Consternée, la princesse le regarda s'éloigner en titubant.

– Jamais... jamais..., répétait-il d'une voix tremblante.

Zélina se releva. Seul, un peu à l'écart, Hilarion regardait tristement partir en fumée l'œuvre de sa vie.

– Mon théâtre... J'ai mis tant d'années à le construire de mes mains. Et maintenant il n'en reste plus rien...

La petite actrice débutante, qu'il avait tellement rudoyée, s'approcha de lui et lui posa la main sur l'épaule :

– Mais si, maître Hilarion, il vous reste vos

Un beau rêve qui part en fumée

comédiens et vos magnifiques pièces !

– Oui, mais sans théâtre… Où les jouera-t-on maintenant ? Une pièce que l'on ne joue pas, c'est une pièce qui meurt !

Le beau visage de la princesse s'illumina :

– Un beau rêve ne meurt jamais, maître Hilarion ! Faites-moi confiance une dernière fois…

À ce moment-là, on entendit un craquement sinistre, suivi d'un bruit de chute. C'était Marcel qui venait de pulvériser le luth de Malik en marchant dessus…

Zélina reine des planches !

Sous les ors de la scène du grand théâtre d'Obéron, les doigts agiles de Malik couraient le long des cordes du magnifique luth que Zélina venait de lui offrir :

– « Ô Flavie, servante ou princesse, que m'importe !
Si de votre cœur vous m'ouvrez grande la porte,
Abandonnez de suite ces frivoles déguisements,
Laissons parler enfin sans fard nos sentiments ! »

La comédie de l'amour !

Le cœur de la jolie princesse palpitait dans sa poitrine. Quel délice d'entendre ici ces mots d'amour, devant son père, devant Mandragone et devant tout Obéron… Car, si ces mots étaient ceux d'Adrien pour Flavie, elle savait bien qu'en fait c'était à elle que Malik les adressait réellement ! Goûtant chaque seconde de ce moment exquis, Zélina se leva lentement du banc où elle se reposait, fit quelques pas vers le jeune homme, qu'elle invita d'un geste à se rapprocher d'elle :

– « Je vous aime, Adrien, je le dis haut et fort,
D'une passion ardente comme le feu qui dévore.
Je vous aime, Adrien, vous pouvez en être sûr,
Car je sais maintenant que votre cœur est pur ! »

Quelle douce comédie que la comédie de l'amour !

Zélina reine des planches !

Alors qu'Adrien serrait tendrement Flavie dans ses bras, le lourd rideau rouge tomba sur la scène et un tonnerre d'applaudissements retentit dans la salle. Zélina sentit le souffle chaud de Malik sur son cou et une douce vague bienfaisante l'envahit tout entière. La princesse aurait voulu que ce moment unique dure éternellement, tant elle se sentait bien.

La comédie de l'amour

Mais, déjà, les autres comédiens rejoignaient les deux tourtereaux sur les planches et leur tendaient les mains pour le salut au public.

— Votre Altesse, je ne sais comment vous remercier, chuchota un Hilarion très ému à l'oreille de son époustouflante Flavie.

Zélina le gronda gentiment :

— Eh bien, vous voyez, c'est parfois bien utile de compter une princesse dans sa troupe… Mais, s'il vous plaît, c'est plutôt mon père qu'il faut remercier : c'est lui qui a accepté que l'on mette notre beau théâtre à votre disposition !

Le rideau se releva. Tous les spectateurs étaient debout. Dans la loge royale, Igor écrasa une grosse larme sur sa joue. Ambre et Rosette, penchées sur la balustrade du balcon, acclamaient

Zélina avec frénésie. Même Marcel se sentit obligé de battre mollement des mains. Seule Mandragone restait totalement impassible devant le triomphe de sa belle-fille. Ses regards allaient à son démon, tassé sur son siège :

– Depuis le début de la soirée, je me demandais d'où provenait cette pestilence. Or c'est vous, Belzékor !

– Je… Comment dire ?

– Le purin ! Vous empestez le purin !

Hors d'elle, la reine indiqua au nabot la porte de la loge :

La comédie de l'amour

— Allez prendre un bain, que diable ! Et même plusieurs… En tout cas, ne vous avisez pas de reparaître devant moi tant que vous… que vous puerez ainsi !

Sa paume dans celle de Malik, Zélina ne se lassait pas de saluer, et de saluer encore. Quel infini bonheur d'être là, avec celui qu'elle aimait ! La jeune comédienne eut une pensée pour Lyse des Muses pendant que le rideau balayait la scène pour la dernière fois. Maintenant, grâce à elle, la jeune princesse connaissait elle aussi le frisson délicieux du théâtre…

Alors que les acteurs regagnaient les coulisses, Malik retint Zélina. Il s'accroupit, ramassa l'une des splendides roses que les spectateurs avaient lancées sur la scène et l'offrit à sa promise :

— Pour la plus belle d'entre toutes les roses…

Zélina serra tendrement la jolie fleur écarlate contre son corsage. Puis ses douces lèvres effleu-

Zélina reine des planches !

rèrent discrètement la joue de Malik :
– Pour le plus brillant et le plus séduisant de tous les acteurs… Celui qui aura toujours le premier rôle dans mon cœur !

Dans la même collection

N° 1
L'héritière imprudente

N° 2
Le rosier magique

N° 3
La fille du sultan

N° 4
Prisonniers du dragon

N° 5
Les yeux maléfiques

N° 6
L'île aux espions

N° 7
Le poignard ensorcelé

N° 8
Un mariage explosif !

N° 9
Panique à Obéron !

N° 10
la comédie de l'amour

Deuxième édition

Auteur : Bruno Muscat. Illustrateur : Philippe Sternis
Couleurs : Franck Gureghian. Illustrations 3D : Mathieu Roussel.
D'après les personnages originaux de Édith Grattery et Bruno Muscat

© Bayard Éditions Jeunesse, 2005
3, rue Bayard, 75008 Paris
Princesse Zélina est une marque déposée par Bayard.

Dépôt légal : mars 2005
Loi 49 956 du 16 juillet 1949 sur les publications destinées à la jeunesse
Reproduction, même partielle, interdite
Imprimé par Lesaffre, Belgique